COLLÈGE DE JUILLY

55ᵉ BANQUET

DES ANCIENS ÉLÈVES DU COLLÈGE

INAUGURATION DES BUSTES

DU MARÉCHAL DE BERWICK

ET

DU CHANCELIER PASQUIER

ANCIENS ÉLÈVES

15 JUIN 1884

PARIS

IMPRIMERIE F. PICHON,

24, RUE SOUFFLOT, 24.

1884

COLLÈGE DE JUILLY

55ᵉ BANQUET

DES ANCIENS ÉLÈVES DU COLLÈGE

INAUGURATION DES BUSTES

DU MARÉCHAL DE BERWICK

ET

DU CHANCELIER PASQUIER

ANCIENS ÉLÈVES

15 JUIN 1884

PARIS

IMPRIMERIE F. PICHON,

24, RUE SOUFFLOT, 24.

1884

COLLÈGE DE JUILLY

55ᵉ BANQUET
DES ANCIENS ÉLÈVES DU COLLÈGE

Inauguration des Bustes

DU MARÉCHAL DE BERWICK

ET

DU CHANCELIER PASQUIER

(Anciens Élèves)

I.

Le 15 juin 1884, le Collège de Juilly recevait ses anciens élèves et leurs invités qui venaient, au nombre de plus de 200, prendre part à leur banquet annuel et assister à l'inauguration des bustes de deux des plus illustres de leurs devanciers : le maréchal de Berwick et le chancelier Pasquier, gracieusement offerts au collège par M. le duc de Fitz-James et par M. le duc d'Audiffret-Pasquier.

Cette réunion, imposante par le nombre des personnages marquants qui avaient bien voulu s'y rendre, brillante surtout par l'éclat du talent des orateurs qui y ont pris la parole, a été aussi une véritable fête patriotique en même temps qu'une fête de famille.

A dix heures et demie, le grand parloir s'ouvre et l'on s'y porte en rangs pressés pour assister à la cérémonie d'inauguration des bustes qui sont là, recouverts de voiles, de chaque côté de la statue du cardinal de Bérulle, en face de celles de Bossuet et de Villars, et près de celles de Berryer et de Bethmont.

II.

INAUGURATION DES BUSTES DE BERWICK ET DE PASQUIER.

Le R. P. Pététot, général de l'Oratoire, préside la séance.

En quelques mots pleins d'à-propos, il remercie la nombreuse assistance d'avoir bien voulu répondre à l'appel du Supérieur et honorer de sa présence cette solennité. Il adresse plus particulièrement l'expression de sa gratitude aux généreux donateurs du buste du maréchal de Berwick et du chancelier Pasquier, qui tous deux, dit-il, « en accroissant le patrimoine de gloire de « la France ont contribué à l'illustration de leurs fa- « milles et ont étendu la couronne d'honneur de notre « cher Juilly. »

Puis il donne la parole à M. le duc d'Audiffret-Pasquier, de l'Académie française.

L'éloquent orateur a peine, en se levant, à contenir l'émotion qu'il éprouve dans ces lieux qui lui rappellent si vivement le souvenir vénéré de son oncle (1). Il la domine cependant et prononce l'éloge suivant du maréchal de Berwick :

MESSIEURS,

Je remercie M. le supérieur, je remercie le comité des anciens élèves d'avoir pensé que je ne pouvais être un étranger pour vous, et de m'avoir fait une place au milieu de ceux que les liens d'une vieille camaraderie réunissent ici aujourd'hui. J'ai si souvent entendu parler de Juilly, qu'il me semble que j'ai vécu sous la direc-

(1) Jusque dans les derniers jours de sa longue existence, le chancelier Pasquier se plaisait à parler de sa vie de collège, à Juilly, des Oratoriens, des amis qu'il y avait connus et des années heureuses qu'il y avait passées.

tion du Père Petit, que j'ai connu le Père Mandar et le Père Arnoul. N'ai-je pas suivi jadis le cours du rû Rossignol, la vallée de Nantouillet, je ne saurais le dire ; les collines de Dammartin, de Montgé, si souvent décrites devant moi m'apparaissent comme des sites visités dans l'enfance et dont on garde un vague et doux souvenir : J'ai senti battre mon cœur tout à l'heure en lisant sur votre drapeau un nom qui m'est bien cher. Vous le voyez, je suis bien de la famille ; parlons des ancêtres (*Applaudissements*).

Dans un temps où les traditions sont vite oubliées, où on s'empresse d'élever des statues aux idoles du jour, dédaignées le lendemain, vous avez gardé le respect du passé, et pieusement vous cherchez la trace de ceux qui vous ont précédés, leur demandant des leçons et des exemples ; vous avez raison. « Historia magistra vitæ » a dit Cicéron, l'histoire est la maîtresse de la vie.

Parmi ceux dont Juilly s'honore, il n'en est pas dont la carrière ait été plus utilement remplie, plus glorieuse et plus pure que celle du maréchal de Berwick.

Issu de sang royal, Jacques de Fitz-James eut pour mère Arabella Churchill, la sœur du fameux duc de Marlborough. Il avait sept ans quand le père Gough, prêtre de l'Oratoire, l'amena à Juilly. C'était en 1677.

Quoique le collège ne fût fondé que depuis trente ans à peine, les grandes familles d'Angleterre, les Howard, les Talbot, les Norfolk aimaient à lui confier leurs enfants.

Les méthodes d'enseignement qu'on y suivait, l'éducation à la fois libérale et chrétienne qu'on y recevait étaient bien faites pour leur plaire.

Le cardinal de Bérulle disait à ses disciples : « Ayez grand respect envers les âmes, commandez rarement, reprenez peu et montrez beaucoup d'exemple, soyez plus pères que supérieurs. »

Les Pères de l'Oratoire ne prononçaient d'autres vœux que ceux du baptême et du sacerdoce. « Ils avaient pour cloître l'amour de la solitude » (Père Lami). Bossuet a loué cette grande compagnie où une sainte liberté fait le saint engagement, où l'on obéit sans dépendre, où l'on gouverne sans commander, où toute l'autorité est dans la douceur et où le respect s'entretient sans le secours de la crainte.

Sous de tels maîtres, la discipline était douce et paternelle, l'enfant se développait avec sa physionomie propre et son originalité, l'autorité du supérieur ne détruisait pas son indépendance.

La règle suivie par les Oratoriens n'avait pas l'austérité de Port-Royal. L'élève sortait de leurs mains l'esprit formé par une instruction forte et le cœur habitué à la libre pratique des vertus chrétiennes. (*Applaudissements*).

Jacques de Fitz-James n'oublia jamais ces précieuses leçons.

En 1686, il fit ses premières armes en Hongrie, sous les ducs de Lorraine et de Bavière au siège de Bude; l'année suivante, colonel à 17 ans du régiment des cuirassiers de Taaf, il assista à la bataille de Mahatz; les Turcs furent battus sur le terrain même où Louis, roi de Hongrie, avait péri avec son armée tout entière.

A son retour en Angleterre, le jeune Fitz-James fut créé duc de Berwick.

La révolution de 1688 éclate.

Le prince Guillaume d'Orange débarque à Torlay ; le pays se soulève, la désertion gagne les plus vieux serviteurs du roi.

Le prince de Danemark, les ducs de Grafton et d'Ormond, lord Churchill, se déclarent pour Guillaume; trahi, abandonné par ses enfants, par ceux-là même en qui il avait le plus de confiance, Jacques se réfugia en France.

L'Irlande catholique seule ne s'était pas soumise ; elle rappella le roi qui, avec l'aide des troupes françaises commandées par Lauzun, tenta un suprême effort.

Le duc de Berwick fit la campagne à côté de Jacques II ; il commandait la cavalerie à la bataillle de la Boyne et essaya vainement de rallier les troupes débandées. Telle était la confiance qu'inspirait sa valeur, qu'après le départ du roi, en l'absence du duc de Tirconel, il fut chargé du commandement de l'armée et de la direction des affaires ; il avait vingt ans ! — Le malheur avait mûri sa jeune raison. Rappelé en France, il fut le compagnon respectueux et fidèle du vaincu : le bruit de ses succès viendra souvent égayer le vieux château de Saint-Germain et adoucir les amertumes d'un exil qui ne devait finir qu'avec la vie du monarque dépossédé.

En 1690, Berwick entre au service de la France ; la grande alliance venait de se former contre nous ; l'Allemagne, les Provinces-Unies, l'Angleterre et l'Espagne coalisées demandaient le rétablissement des traités de Westphalie et des Pyrénées. Le duc de Lorraine Charles V et l'Électeur de Bavière avaient pris Mayence et Bonn. Louis XIV s'était décidé à rappeler à la tête de ses troupes le maréchal de Luxembourg. Ce n'étaient déjà plus les temps héroïques de Turenne et de Condé ; la France avait cependant encore de grands hommes de guerre ; Berwick acheva de se former à l'école des maréchaux de Luxembourg, de Boufflers, de Vauban. Il rejoignit l'armée sous les murs de Mons assiégée.

Un nouveau projet de descente en Angleterre le rappela sur les côtes de Normandie. Il put voir du rivage le désastre de la Hogue, la flotte de Tourville anéantie, et avec elle l'expédition ruinée.

Revenu en Flandre, au combat de Dunkerque il chargea à pied, à la tête de l'infanterie française, avec le duc d'Orléans, le duc de Bourbon, le prince de Conti, le duc de Vendôme et la fleur de la noblesse française. A la bataille de Nerwinde, entraîné par son ardeur, au plus fort de la mêlée, cerné de tous côtés, il est fait prisonnier par son oncle, le brigadier Churchill, frère du duc de Marlborough. C'était pour les Anglais une bonne prise. Il ne fallut pas moins que la sommation faite à tous les officiers relâchés sur parole de revenir à Namur, et le refus de rendre le duc d'Ormond blessé dans le combat, pour obtenir son échange.

En 1695, le duc de Luxembourg mourut. Louis XIV avait perdu Turenne, Condé, Colbert, Louvois, Seignelay ! Cinquante années de guerre avaient épuisé les premiers rangs ; la fortune s'était lassée ; les mauvais jours commençaient.

Berwick fit toutes les campagnes jusqu'à la paix de Riswick.

En novembre 1700, le roi d'Espagne Charles II était mort, laissant par son testament son royaume au duc d'Anjou. L'acceptation de ce testament par Louis XIV, la reconnaissance du prince de Galles comme roi d'Angleterre rendaient la guerre inévitable ; la grande alliance se reforme. Philippe V est menacé ; l'archiduc Charles d'Autriche, aidé par l'Angleterre, envahit l'Espagne. Le roi de France envoie au secours de son petit-fils le duc de Berwick, naturalisé français avec le consentement du roi d'Angleterre.

Il arrive à Madrid dans l'hiver de 1704.

La cour d'Espagne était divisée par l'intrigue. La reine, la princesse des Ursins, Orry, le Cardinal, puis l'abbé d'Estrées, se disputaient la conduite des affaires. « A mon arrivée, dit Berwick, chacun voulait me mettre de son côté ; la reine ne dédaigna pas de m'en prier ; mais je parlais si franchement sur tout cela aux uns comme aux autres, qu'ils virent bientôt que je n'étais pas dans leurs tracasseries, ayant d'ailleurs assez d'occupations importantes pour ne point m'embarquer dans des discussions aussi désagréables qu'inutiles aux affaires dont j'étais primitivement chargé. » Il avait, en effet fort à faire : l'armée désorganisée manquait de tout. En peu de temps, il la mit en état de tenir tête à l'ennemi ; et malgré les ordres de la cour, qui voulait la retraite, il défendit l'Aqueda, disputa le terrain pied à pied ; il allait livrer bataille quand il fut brusquement rappelé par un ordre de la cour de France. « Il éprouva, dit Montesquieu, ce que tant d'autres avaient éprouvé avant lui, que de plaire à la cour est le plus grand service qu'on puisse rendre à la cour, sans quoi toutes les œuvres, pour me servir du langage des théologiens, ne sont que des œuvres mortes. » On ne lui avait pas pardonné, à Madrid, sa fière indépendance. « Que voulez-vous que j'en fasse ? disait la reine ; c'est un grand diable d'Anglais, sec, qui va toujours tout droit devant lui. »

Arrivé à Versailles, le roi lui demanda pour quelles raisons son petit-fils l'avait tant pressé de le rappeler en France. « Je suis heureux, lui répondit Berwick, que Votre Majesté l'ignore comme moi ; cela me prouve qu'elle n'a pas lieu d'être mécontente de ma conduite. »

Il fut envoyé en Languedoc à la place du maréchal de Villars.

Cependant en son absence la situation s'aggravait en Espagne. Le roi avait été forcé de lever le siège de Barcelone, laissant aux mains de l'ennemi sa grosse artillerie. L'armée anglo-portugaise avait continué sa marche triomphale jusqu'à Madrid, où l'archiduc fut proclamé roi. Tout semblait perdu. Louis XIV renvoya au secours de Philippe V l'homme dont les services avaient été méconnus, le duc de Berwick ; il venait de le nommer maréchal de France.

Alors commence la campagne la plus étonnante, la plus glorieuse qu'il ait faite. Profitant des lenteurs et des fautes des ennemis, le maréchal reprend l'offensive, et les pousse devant lui, marche par marche, comme un pasteur conduit un troupeau. Les deux armées firent, pour ainsi dire, le tour de l'Espagne ; parties de Badajoz après s'être promenées au travers des deux Castilles, des royaumes de Valence et de Murcie, elles s'arrêtèrent à cent cinquante lieues de leur point de départ. « Nous fîmes, écrit-il dans ses *Mémoires*, quatre-vingt-

cinq camps ; et quoique tout se passât sans action géné-
rale, nous en tirâmes autant d'avantages que si l'on
eût gagné une bataille, car de compte fait nous fîmes
mille prisonniers. »

Au printemps suivant, Berwick acheva son œuvre
et prouva qu'aux mérites d'un tacticien consommé il
joignait le génie qui décide du sort des batailles. Le
25 avril 1707, il bat l'armée coalisée dans les plaines
d'Almanza. 5,000 hommes tués, 10,000 prisonniers,
120 drapeaux et étendards pris, toute l'artillerie, tous
les bagages furent les trophées de cette victoire qui ré-
tablissait la maison de Bourbon sur son trône ébranlé.
Philippe V lui donna, avec le collier de la Toison-
d'Or, les villes de Liria et de Xercia érigées en duché,
avec la grandesse de première classe pour lui et ses
descendants. Ces terres avaient été autrefois l'apanage
des fils des rois d'Aragon.

De 1707 à 1712, commandant en chef l'armée du Dauphiné, le maréchal de Berwick tint en échec l'armée
du duc de Savoie unie à l'armée impériale sous les
ordres du feld-maréchal de Thann ; guerre de montagne,
guerre difficile. Il s'agissait de couvrir soixante lieues
de frontières depuis Antibes jusqu'au lac de Genève.
Il semble que la guerre défensive était plus que toute
autre dans le caractère particulier de son talent : froid,
réfléchi, personne ne lui a été supérieur dans l'art d'or-
ganiser une armée, de pourvoir à ses besoins, dans un
temps où la difficulté des communications rendait le
problème plus ardu ; personne n'était plus propre à
relever par l'énergie et la ténacité des situations qui
semblaient désespérées. La défense du Dauphiné fut
aux yeux des hommes de guerre égale, si elle ne la
surpasse, à celle de Catinat en 1693, et à celle de Villars
en 1708.

Après la signature de la paix d'Utrecht, Berwick re-
tourna en Catalogne ; il en fut rappelé par un évène-
ment qui devait troubler profondément sa vie. A la

mort de la reine Anne, le 12 avril 1714, le roi Jacques avait quitté brusquement la Lorraine, résolu à passer en Angleterre pour revendiquer ses droits à la couronne. Berwick reçut l'ordre de se rendre en Ecosse avec le duc d'Ormond et de prendre le commandement de l'armée rassemblée par le duc de Marr. Naturalisé Français, du consentement du roi d'Angleterre, maréchal de France, officier de la Couronne, pouvait-il prendre part à une guerre d'invasion contre une nation avec laquelle la France était en paix, malgré les ordres formels du roi Louis XIV, renouvelés par le Régent ?

On a dit avec raison que le plus difficile n'est pas de faire son devoir, mais de le connaître. Laissez-moi vous lire la lettre dans laquelle il expose ses scrupules au roi : elle est belle et n'est pas connue :

« 20 octobre 1715.

« Le départ de Votre Majesté s'approchant sans que j'aie pu encore vérifier si je pouvais en conscience sortir de France, m'oblige à prendre la liberté d'assurer Votre Majesté que si je n'ai pas l'honneur de l'accompagner ou ensuite de la suivre, ce sera la plus grande mortification que je puisse jamais avoir; la diversité des opinions est ce qui cause mes irrésolutions, car quoique mon zèle pour vos intérêts et le motif de la gloire m'excite à partir dans le moment, la crainte toutefois d'agir contre les règles de l'honneur et de la conscience me force à consulter ce qu'il y a de plus sain et de plus habile avant que de me déterminer.

« Si je trouve, après un examen sérieux, que, sans blesser le droit public et mes serments, je peux partir, j'espère de vous joindre sur la côte de France ou du moins de vous suivre de fort près. Mais si je me trouve convaincu du contraire, je supplie Votre Majesté de ne point me condamner, d'autant que je n'ai eu en vue que les lois de l'honneur et que si je me trompe en croyant les suivre, je mérite plutôt d'être plaint que d'être blâmé.

« Votre Majesté est trop remplie d'équité pour souffrir que l'on fasse des jugements téméraires.

« Quoi qu'il arrive et quoi qu'on pense ou dise, je jure et proteste devant Dieu que j'ai consulté ma conscience et j'agirai conformément à ce qu'elle me dictera.

« Ayez la bonté, sire, de vous ressouvenir qu'il y a environ deux ans, je m'offris de moi-même à Votre Majesté pour vous suivre partout moyennant le consentement du roi très chrétien.

« Il ne parut pas alors que Votre Majesté trouva àredire à cette clause, car vous eûtes vous-même la bonté de me dire sur cela que vous me remerciiez d'une offre que vous désiriez infiniment, quoique vous n'osiez me la proposer.

« Quelque résolution que je prenne, j'espère de vous donner pour l'avenir comme par le passé des preuves réelles que personne n'a plus de respect ni d'attachement pour vous que j'en ai ; si la circonstance des temps ne me permet pas de le faire voir par mes actions, au moins mes souhaits et mes pensées ne cesseront de vous accompagner.

BERWICK. »

(*Applaudissements réitérés*).

Ce noble langage ne fut pas compris. Berwick avait refusé quelques mois auparavant les offres du roi d'Espagne, qui lui donnait, avec le commandement général de toutes ses armées, le titre de vicaire général dans la couronne d'Aragon. Il était Français et entendait rester Français. (*Applaudissements.*)

Le roi Jacques, après la triste issue de son expédition, aigri par le malheur, oublia les services de ses deux plus fidèles amis. Berwick partagea la disgrâce de Brolingbroke. Ce traitement immérité blessa cette âme loyale et fière. On trouve la trace profonde de ces impressions dans un mémoire tout entier de sa main, qui n'a pas été publié et qu'il a intitulé :

Apologie de M. le maréchal de Berwick.

La carrière militaire du maréchal est terminée, le régent, qui l'aimait et qui avait pu l'apprécier en Espagne au siège de Lérida, lui confia le gouvernement de la Guyenne.

A l'âge de quarante-quatre ans, il avait fait 26 campagnes, il avait commandé les armées des trois premiers monarques de l'Europe. En Angleterre, il était duc de Berwick ; en Espagne, duc de Liria ; en France, duc de Fitz-James ; de son premier mariage il avait eu un fils, qui, héritier de ses possessions en Espagne, fonda la branche des ducs de Liria ; l'aîné des enfants du second lit resta Français, il fut le second de cette race vaillante qui a continué jusqu'à ce jour les grandes traditions de bravoure, d'honneur, d'inviolable fidélité à ses convictions religieuses et politiques que l'héroïque soldat lui avait léguées.

Dès les premiers temps de son séjour en Guyenne, le maréchal de Berwick rencontra Montesquieu.

Le jeune président à mortier au Parlement de Bordeaux partageait sa vie entre les devoirs de sa charge et les heures consacrées au travail dans la bibliothèque du château de la Brède, où il préparait le livre de l'*Esprit des Lois.*

C'était aussi un ancien élève de Juilly.

Peut-être ce souvenir commun fut-il la première raison de se chercher et de se connaître.

Malgré la différence d'âge qui les séparait, l'amitié la plus tendre ne tarda pas à les unir, nous en avons un touchant témoignage dans l'éloge, malheureusement inachevé, que Montesquieu a laissé de son illustre ami.

Permettez-moi d'en extraire un portrait qui, mieux que tout, fera connaître le maréchal à la fin de sa carrière.

« Son air froid, un peu sévère, faisait que quelquefois il aurait semblé déplacé dans notre nation, si les grandes âmes et le mérite personnel avaient un pays. Il était impossible de le voir et de ne pas aimer la vertu, tant on voyait de tranquillité et de félicité dans son cœur. J'ai vu de loin dans Plutarque ce qu'étaient les grands hommes; j'ai vu en lui de plus près ce qu'ils sont. Je ne connais que sa vie privée, je n'ai pas vu le héros mais l'homme dont le héros est parti. Il aimait ses amis, sa manière était de rendre des services sans vous rien dire. C'était une main invisible qui vous servait. Il avait un grand fond de religion, jamais homme n'a mieux servi ces lois de « l'Evangile qui coûtent le plus aux gens du monde; enfin, jamais homme n'a tant pratiqué la religion et n'en a si peu parlé. » A ces traits il faut joindre le mot de Brolingbroke, qui les résume si bien : « C'était le meilleur grand homme qui ait jamais existé. »

En 1733, il vivait paisible et heureux dans la terre de Fitz-James, entouré de sa femme, de ses enfants, de ses amis, dont il était adoré, quand on l'appela pour commander l'armée qu'on rassemblait sur le Rhin. Les opérations militaires commencèrent par le siège de Philipsbourg. Le 12 juin 1734, il se rendit à la tranchée, et voulant, suivant son usage, tout observer par lui-même, monta sur la banquette en avant des sapes. Un boulet de canon lui enleva la tête.

Dieu appelait soudainement à lui cette âme grande et simple, sans qu'elle eût senti la mort. C'était le trépas de Turenne. Villars l'enviait en mourant cinq jours plus tard. « J'ai toujours eu raison de dire que cet homme-là était plus heureux que moi. »

Turenne, Berwick, Villars, quels grands noms, messieurs ! Par un rare privilège, vous avez le droit de les inscrire dans vos annales. N'est-ce pas le Supérieur de Juilly, qui, appelé à l'armée par Turenne, veilla sur les restes du héros et les accompagna jusque dans les caveaux de Saint-Denis ?

Comme je vous le disais en commençant, ce sont là vos ancêtres. Nous aimons à nous reporter par la pensée vers ce grand siècle où la France, après cent ans de guerres et de négociations, avait réuni à son territoire le Roussillon, l'Artois, l'Alsace, la Flandre et la Franche-Comté ; quelques années plus tard, elle y joignait la Lorraine. C'était la réalisation de ce qu'on a coutume d'appeler, à tort selon moi, le programme politique d'Henri IV : c'est la politique nationale qu'il faut dire.

Bornée par deux mers et deux chaînes de montagnes, la France n'avait d'expansion possible qu'au Nord à et l'Est. A cette raison géographique, l'insoluble litige soulevé par la succession de Charlemagne avait ajouté dans l'esprit du peuple l'idée d'un droit méconnu. A tout le moins, les vieux Français voulaient l'ancien royaume d'Austrasie dont la capitale était à Metz. Les Bardes et les Trouvères, avec leur naïf enthousiasme, plus tard les légistes, avec leur lourde érudition, furent les avocats de ces revendications. Quand Charles VIII voulut partir pour l'Italie, ses vieux conseillers le blâmèrent. « Ce sont guerres de magnificence, disaient-ils, c'est vers le Nord et l'Est qu'il faut se diriger, ce sont guerres communes si l'on veut, mais ce sont les vraies guerres du Roi. »

Le vieux maréchal de la Vieilleville tenait le même langage à Henri II, Coligny à Charles IX, « qui empêche la guerre de Flandre n'est pas bon Français et a une croix rouge dans le ventre. »

A la fin des guerres de religion, Henri IV, rentré dans la plénitude de son indépendance et de son autorité, chercha à renouer la tradition brusquement interrompue. Il portait dans son âme la grande idée qui, pendant de longs siècles, avait fait battre le cœur de tant de générations ; c'est là le secret de sa grande popularité.

Le pays a tout pardonné, il a oublié les cruautés de Louis XI, les sévérités excessives de Richelieu, indulgent pour ceux qui ont servi sa passion, implacable pour ceux qui l'ont desservie, à travers des fortunes diverses, sans cesse il l'a reprise et poursuivie, sans jamais se lasser, comptant sur l'avenir pour rétablir les choses qui semblaient perdues.

Ne désespérons jamais, Messieurs, gardons notre foi patriotique dans les destinées du pays, gardons notre foi de chrétiens, c'est par l'union de ces deux sentiments que nos anciens ont fait la France si glorieuse et si belle. (*Applaudissements*).

C'est par l'union de ces deux sentiments que nous lui conserverons la place qui lui appartient à la tête du monde civilisé. » (*Triple salve d'applaudissements*).

Ce magnifique panégyrique du héros d'Almanza, fréquemment interrompu par des bravos répétés, est suivi d'une triple salve d'applaudissements. Tout l'auditoire comprend que cette étude magistrale de la vie de Berwick demeurera désormais comme une des pages les plus achevées et les plus belles de l'histoire du grand règne.

Quand le calme se rétablit, M. de Parieu, sénateur et membre de l'Institut, prend la parole à son tour et retrace, en ces traits rapides mais d'une vérité saisissante, la vie si remplie du chancelier Pasquier :

« Le chancelier Pasquier, dont l'existence s'ouvrit le 22 avril 1767 et se termina le 5 juillet 1862, a eu une des longévités les plus brillantes dont les annales politiques offrent l'exemple. Il naquit d'une famille parlementaire dont un éminent aïeul, Etienne Pasquier, se fit remarquer au seizième siècle à la fois comme défenseur de l'Université contre les Jésuites, comme avocat général au Parlement de Paris et comme ami de Henri IV.

Denis-Étienne Pasquier, dont nous inaugurons aujourd'hui le buste, était fils d'un conseiller au Parlement de Paris, et fut élevé au même emploi à l'âge de dix-neuf ans. Il avait fait une partie de ses études au collège de Juilly, et, à peine était-il entré dans le Parlement, que cette vieille et puissante institution fut renversée par la Révolution.

Son père mourut sur l'échafaud et lui-même, obligé de chercher un asile, se réfugia quelque temps au village de Montgé, qui est près de nous, et que le collégien de Juilly avait appris à connaître. M. Pasquier fut un spectateur attentif et réfléchi des grands drames de la Révolution. Probablement les observations qu'il fit alors formèrent son jugement politique et développèrent en lui l'instinct conservateur qui en fit constamment plus tard un homme de pouvoir.

Mis en rapport avec Napoléon par l'intermédiaire pə Cambacérès, il fut appelé successivement aux positions d'auditeur au conseil d'Etat, de maître des requêtes et de préfet de police.

Après la chute de l'empire, il adhéra au gouvernement nouveau et fut exilé à quelques lieues de Paris pendant les Cent Jours.

Sous le gouvernement des Bourbons, M. Pasquier eut une existence officielle des plus prospères. L'ancien préfet de police, l'ancien directeur général des ponts et chaussées a été successivement député, ministre de la justice, ministre de l'intérieur, ministre des affaires étrangères et président de la Chambre.

A l'écart du pouvoir pendant les dernières années de la Restauration, il fut appelé par Louis-Philippe à la présidence de la Chambre des pairs qu'il occupa pendant tout son règne. Dans les occasions fréquentes où cette Chambre fut transformée en cour de justice, il développa des aptitudes où les souvenirs de l'ancien Parlement de Paris se combinaient avec l'expérience de l'homme d'Etat formé sous la Restauration.

Ce fut en 1848 seulement, à l'âge de quatre-vingt-un ans, que la vie politique de M. Pasquier fut brisée. Son existence se prolongea encore quatorze ans dans les entretiens de l'Académie française, dans les loisirs du monde et de l'amitié.

Les travaux de M. Pasquier n'ont pas été moins variés que les hauts emplois qu'il a occupés. La col-

lection des discours qu'il a laissés montre qu'il sut traiter souvent des sujets de justice, d'administration, d'organisation militaire, de finances et de diplomatie.

Les causes de ses succès furent, pour rappeler les expressions de M. Dufaure, son successeur académique, *la passion des affaires*, *l'indépendance* et la *modération*, seules vertus — la dernière surtout — qui puissent rendre une vie politique durable. Celle de M. le chancelier Pasquier fut exceptionnelle parmi ses contemporains. Elle le paraîtra davantage encore au milieu de nos générations démocratiques.

Permettez-moi de dire que cette vie de M. Pasquier, presque colossale par son élévation et par sa durée, est une gloire pour la famille qui porte son nom et pour le collège qui l'a formé. (*Applaudissements*).

Son dernier bonheur domestique fut de trouver un neveu digne de continuer le chancelier par l'adoption et de présider comme lui le premier corps parlementaire de l'Etat. (*Applaudissements*).

Jeunes élèves qui assistez à cette cérémonie, les modèles illustres qui vous sont offerts se multiplient devant votre émulation. Si vous avez à regarder dans le passé, à côté de Villars et Berwick pour la guerre, de Montesquieu pour la législation et l'histoire, de Bethmont et Berryer pour l'éloquence, Malouet et Pasquier pour la politique sont pour vous de grands modèles : le premier vous montre la sagesse dans l'adversité, et l'autre la prudence dans de longues prospérités. » (*Double salve d'applaudissements*).

La parole grave et toujours élevée de l'ancien président du Conseil d'État, soulève elle aussi, à plusieurs reprises, les acclamations de l'auditoire, surtout, lorsqu'en terminant, l'orateur invite ses jeunes condisciples à venir souvent dans cette salle « remplie de tant d'i- « mages glorieuses et où l'on respire le parfum des « vieilles renommées. »

Le R. P. Supérieur répond aux deux orateurs et, dans

les termes les plus heureux et les mieux sentis, il remercie ses illustres hôtes de l'éclat inusité que leur présence et leur parole donnent à cette belle fête, et fait ressortir aux yeux des jeunes élèves la haute leçon morale qu'elle renferme :

Allocution du R. P. Olivier.

M ESDAMES, MESSIEURS,

« Nous gardons pieusement dans notre bibliothèque quelques précieux débris de nos archives. Savez-vous ce que j'ai lu, ces jours derniers, dans les *comptes* des années 1661 à 1716, un vieux livre tout poudreux, recouvert d'un parchemin bien jauni : « Monsieur Jacques FITZ-JÈME, fils de son Altesse Royale le duc d'York, est entré à l'académie de Juilly le 3 juin 1677 ; il n'est âgé que d'environ 7 ans ». Vous avez sûrement reconnu, Messieurs, celui qui devait être le vainqueur d'Almanza, le valeureux émule de Villars et de Montesquiou, ses condisciples de Juilly, et le glorieux ancêtre de M. le duc de Fitz-James, que je suis heureux de saluer et de remercier en ce moment. Par une coïncidence piquante, dans le même registre, à quelques pages de distance, voici ce que j'ai trouvé : « MM. d'Audiffret frères, fils de M. d'Audiffret de Marseille, sont entrés à l'Académie de Juilly le 24 septembre 1671. » — Malheureusement notre chronique, trop avare, ne dit rien de plus. Mais ces deux frères, qui peut-être ont rencontré et connu ici Jacques de Fitz-James, ne seraient-ils pas de vos ancêtres, monsieur le duc d'Audiffret-Pasquier ? J'ai quelques raisons de le croire, et c'est pour moi une singulière bonne fortune de réunir dans l'hommage de la même admiration et de la même gratitude deux illustres familles dont les ancêtres s'étaient connus à Juilly, il y a deux siècles. (*Applaudissements*).

A cette heure étrange où quelques esprits mal faits s'imaginent grandir le présent en supprimant le passé, nous avons le souci de faire revivre nos héros d'autrefois. Nous venons de l'entendre : il me semble qu'ils ont assez bien servi la France ; et c'est un devoir et une joie pour nous de rappeler à nos enfants les mâles vertus, les habitudes laborieuses, la foi robuste et simple, le patriotisme éclatant de ces nobles ancêtres.

Vous avez compris, Messieurs, notre pensée, et je vous remercie d'avoir enrichi notre galerie de ces deux bustes qui nous rediront tant de vertus et tant de gloire. J'avais espéré, M. le duc d'Audiffret-Pasquier, que l'un de vos confrères à l'Académie française, Mgr Perraud, se joindrait à notre éminent président d'honneur et à notre T. R. P. général, pour vous faire ainsi qu'à M. le duc de Fitz-James, et à tous nos chers et illustres hôtes, les honneurs de Juilly : de graves empêchements nous ont privés de ce bonheur. Mais, laissez-moi vous dire qu'à Juilly vous êtes chez vous. Je me rappelle encore avec quelle précision et avec quel cœur vous me parliez des vieux Oratoriens, du Père Mandar, du Père Des Essarts, qui avaient élevé votre noble père. Vous connaissiez notre vieux Juilly comme le connaissent nos amis les plus fidèles, et puis vous êtes ici au pays de Bossuet et de Berryer : vous êtes chez vous. (*Applaudissements*).

Et maintenant, Messieurs, je prends possession de ces bustes que nous devons à votre généreuse sympathie. J'en confie la garde à nos jeunes élèves comme je leur ai confié la garde de notre drapeau. Je compte sur leur vaillance et sur le culte qu'ils ont pour leurs *anciens*; ils seront toujours dignes d'eux et de l'honneur que vous leur faites aujourd'hui. » (*Applaudissements*).

L'adhésion unanime et chaleureuse qui accueille ces paroles du Supérieur lui prouve qu'elles sont l'écho fidèle des sentiments de tous ses auditeurs.

Enfin M. le duc de Fitz-James se lève à son tour pour remercier les Oratoriens de leur gracieuse et cordiale hospitalité. Puis s'inspirant de sa fidélité aux nobles traditions de sa famille et de son ardent amour pour notre cher pays :

« Un mot de mon excellent ami, M. le duc d'Audiffret, dit-il, en s'adressant aux élèves, m'a remis en mémoire cette réflexion d'un homme d'Etat contemporain : « Que dans les jours difficiles que nous traversons, il « est plus facile de faire son devoir que de le con- « naître. » Ici, jeunes gens, tout vous apprend aussi bien à le connaître qu'à le remplir, et les leçons quotidiennes de vos respectables maîtres et les exemples constants de vos aînés, tel que celui de ce vaillant capitaine, dont on vient de vous redire, en un si beau langage, et les grands services et les mâles vertus.

« La devise de cette célèbre maison est *Orior : je me lève*. Demeurez-lui constamment fidèles, mes jeunes amis ; à partir du moment où vous entrerez dans la vie publique, levez-vous sans hésitation, restez même toujours debout pour la défense de la vérité et de la patrie ; et s'il le faut, sachez vous sacrifier et mourir au service de ces deux grandes causes. »

Ces nobles accents électrisent l'assemblée ; elle éclate en applaudissements enthousiastes, et elle se sépare ensuite sous la vive et profonde impression que lui laisse cette séance, réservée à une place d'honneur dans les annales de Juilly.

II.

BANQUET.

Il est midi. Le son de la cloche appelle tous les hôtes du collège au banquet qui leur a été préparé sous une immense tente, dressée en face de la pièce d'eau, à l'ombre du splendide marronnier de Malebranche, et fort élégamment ornée. Trois cents convives s'y réunissent, ainsi que les élèves des hautes classes.

Le général Jolivet, président du banquet, prend place à la table d'honneur ayant à ses côtés MM. les ducs de Fitz-James et d'Audiffret-Pasquier.

Au-dessus de sa tête flotte le drapeau du collège, avec sa belle devise : *Dieu et la France.*

En face du président, le Supérieur général de l'Oratoire, ayant à sa droite M. de Parieu, président d'honneur de l'Association amicale, et à sa gauche M. le sénateur comte de Mérode.

On remarque encore à cette table le Supérieur du collège ; le R. P. Lescœur, M. Denonvilliers, MM. Chesnelong, sénateur, Martial Delpit et le comte de Bagneux, anciens députés, le comte Legonidec de Tressan, le vicomte de Belizal, Labat, Calla, députés, le marquis d'Audiffret, le docteur Gouraud, de Parieu fils, Hamel, de Lapparent, vice-doyen de l'Institut catholique de Paris, Perret, ancien conseiller d'État, de Bouthilliers, ancien magistrat, les comtes de Robertsart et de Fresne, le baron de Montbrun, Engelhardt, ministre plénipotentiaire, le vicomte O'Neil de Tyrone, de la Germonnière, Louis Favre, archiviste du Sénat, auteur de la *Vie du chancelier Pasquier*, Charles d'Héricault, Amédée Pichot, de la *Revue britannique*, Cornély, ancien directeur du *Clairon*, Marcade, Roger de Beauvoir, Morel, Lepère et Caron, représentants de la Presse.

Bientôt commencent les causeries intimes, les épanchements joyeux ; et c'est à peine si la vibrante harmonie des jeunes artistes de Vaujours parvient, par intervalle, à les interrompre.

Au dessert, M. le général Jolivet, président du banquet, porte, en ces termes, le toast d'usage à la prospérité de notre cher collège.

Mes chers condisciples,

« L'année dernière, cette place était occupée par notre camarade M. Le Vavasseur, un de nos poètes les plus sympathiques, qui, outre son discours présidentiel, vous a fait l'agréable surprise d'une charmante poésie que vous avez chaleureusement applaudie.

« J'avoue que je suis un peu embarrassé de sa succession, et n'étant ni poète ni orateur, je me suis creusé la tête pour tâcher de me tirer de là sans que mon amour-propre ait trop à souffrir de la comparaison. Eh bien, le moyen est trouvé, c'est de ne rien dire du tout (*Applaudissements et rires*), et je prends ce parti avec d'autant plus d'empressement que je veux vous laisser sous le charme des magnifiques discours qui ont été prononcés par les hommes éminents dont la présence au milieu de nous donne à cette fête un éclat inaccoutumé (*Applaudissements*).

« Je les prie de vouloir bien agréer au nom de notre association Juliacienne, l'hommage de notre profonde reconnaissance (*Applaudissements*).

« Les bustes de leurs ancêtres inaugurés aujourd'hui seront religieusement conservés et nos jeunes élèves apprendront de leurs maîtres vénérés que le maréchal de Berwick et le chancelier Pasquier, ces deux grandes figures de la monarchie française, leurs devanciers dans cette sainte maison, ont bien mérité de la patrie (*Applaudissements*).

« Je bois à leurs illustres descendants, à M. le duc de Fitz-James et à M. le duc d'Audiffret-Pasquier qui, malgré la versatilité de la politique, auront aussi un jour leur place dans l'histoire (*Approbation*).

« Je bois à M. de Parieu, notre président d'honneur, *primus inter pares*, qui dans les hautes fonctions gouvernementales qu'il a si dignement remplies pendant de longues années, a su conquérir une juste célébrité dans nos assemblées délibérantes et dans le pays tout entier (*Applaudissements prolongés*).

« Je termine, mes chers camarades, par notre toast traditionnel que vous ne me pardonneriez pas d'oublier.

« A la prospérité de notre cher collège et à son savant et digne directeur le révérend Père Olivier. »

Ces paroles simples et pleines de cordialité de notre cher président sont accueillies par d'énergiques bravos.

Le P. Supérieur lui répond :

Messieurs,

« C'est moi qui devrais me taire ; mais, je suis trop touché de tous les témoignages de sympathie donnés aujourd'hui à notre vieux collège pour retenir mes sentiments de profonde reconnaissance et de légitime orgueil. Comment ne pas être ému et fier en voyant ici, sous notre marronnier de Malebranche, ce que notre armée a de plus pur, de plus modeste et de plus brave ; nos assemblées délibérantes, de plus éloquent et de plus français ; nos académies, de plus brillant et de plus considéré ; notre vieille noblesse, de plus glorieux et de plus digne ; notre magistrature, de plus intègre et de plus indépendant ; nos grandes œuvres chrétiennes, de plus héroïquement dévoué !... Vous êtes venus honorer, dans la maison qui les a formés, deux grands hommes, Berwick et Pasquier ; mais vous êtes aussi venus, j'en suis certain, pour donner au Doyen des collèges libres de France, une marque de votre sympathie et de votre inviolable fidélité à la grande cause de l'éducation chrétienne et vraiment française. Au nom de Juilly, au nom de l'Oratoire, je vous remercie, Messieurs, et je bois au triomphe de la noble cause de l'enseignement libre, dont je salue ici les plus anciens et les plus vaillants défenseurs (*Applaudissements*).

« Je bois à notre cher Président. A côté d'un Chancelier de France, nous avions à honorer un héros de la vieille armée française : votre place était là, mon général, et vous aviez le droit de présider cette fête : l'Algérie, le Mexique, tous nos champs de bataille ont vu votre bravoure, et nos vainqueurs eux-mêmes ont applaudi à votre courage (*Applaudissements*).

« Je porte aussi un toast bien cordial à tous nos anciens, si pressés de répondre à notre amical appel. Je les remercie et je souhaite que, l'an prochain, ils soient encore plus nombreux. Je ne saurais oublier les absents, et, parmi eux, nos chers Saint-Cyriens : ils se faisaient une joie, je le sais, de venir incliner leur jeune épée devant l'image de leur glorieux devancier et de servir d'état-major à notre brave président : une règle inflexible les a retenus loin de nous; mais ils sont ici par le cœur.

« Il est aussi avec nous, par le cœur, Brière de Lisle, ce vaillant général qui soutient à l'Extrême-Orient, avec son indomptable courage, l'honneur du drapeau français et la vieille réputation des enfants de Juilly. Je suis sûr d'être votre interprète en lui envoyant nos unanimes félicitations (*Applaudissements chaleureux*).

« J'apprends à l'instant qu'un autre élève de Juilly vient de remporter en Belgique une glorieuse victoire sur le champ de bataille de la politique.

« Je bois au jeune député d'Anvers, au jeune ministre de l'intérieur, M. Jacobs. »

On applaudit à ce toast plein de chaleur et de grâce qui révèle dans le supérieur Oratorien de Juilly les qualités éminentes de ses devanciers.

Le président du banquet annonce alors, que pour remplir les obligations qui lui sont imposées par la loi en
sa qualité de Société d'utilité publique, la réunion va
se constituer, pour quelques instants, en Assemblée gé-
nérale; et il donne la parole au jeune lauréat de l'année
dernière, qui donne lecture du rapport annuel :

Après la lecture de ce rapport, M. Chesnelong, notre
hôte et plus encore notre ami, prend la parole et avec
cette éloquence enflammée dont il a le secret, il unit
dans un même salut l'Oratoire, ses élèves de Juilly, l'é-
ducation libre et chrétienne, la France et l'Eglise.

« Vous êtes à la campagne, s'écrie-t-il, dans un pas-
« sage de son discours, que nous regrettons de pouvoir
« seul reproduire, et l'on dit que votre éloignement
« de Paris effraie certaines familles. Est-ce pourtant un
« défaut? Je ne le crois pas ; je crois même le contraire.
« A la campagne, vous êtes plus près de la nature et
« plus près de Dieu. L'étude aime la solitude. Dans
« les villes on donne trop de place à l'improvisation,
« pas assez au recueillement. Je bois à l'internat des
« collèges dans les campagnes ; et comment ne porte-
« rait-on pas ce toast ici, quand on a devant soi les
« champs, les grands arbres, le marronnier de Male-
« branche, la verdure, l'eau et le ciel bleu. »

Il termine par un dernier toast à l'union du patriotisme et de la foi; et sa chaleureuse péroraison est
accueillie par plusieurs salves d'applaudissements.

Puis le condisciple Bérard, toujours écouté avec sympathie par ses camarades, lit une pièce de vers très vivement applaudie.

Enfin, le président de notre association, M. Hamel,
se charge de l'agréable mission de solliciter du Supérieur,
au nom des anciens, un congé extraordinaire en faveur
des élèves. Mais à raison de l'époque avancée de l'année
scolaire, il le prie de reporter ce congé à la fin des va-

cances et, afin de le faire participer au caractère excep-
tionnel de la double fête qui le motive, il lui demande
encore de vouloir bien l'accorder de quatre jours au
lieu d'un, dont deux en souvenir de nos illustres devanciers, Berwick et Pasquier, et les deux autres en
l'honneur de leurs éloquents panégyristes, M. le duc
d'Audiffret et M. de Parieu.

Le R. P. Olivier répond qu'il ne peut rien refuser en
l'honneur de la solennité de ce jour et il annonce que la
rentrée des vacances, qui devait avoir lieu le 2 octobre,
n'aura lieu que le 6 du même mois (*Applaudissement
général et frénétique à la table des élèves*).

On se lève alors de table ; et les convives se dispersent,
les uns pour se promener sous les ombrages du parc
et dans ses magnifiques allées, d'autres pour visiter
l'intérieur du collège, le plus grand nombre pour entendre le concert qui a lieu sous le superbe marronnier.

A quatre heures, un salut solennel termine cette fête ;
et bientôt après, tous remontent en voiture et reprennent
le chemin de la gare, où chauffe la locomotive qui va les
ramener à Paris.

En résumé, il ne nous eût pas été possible de souhaiter
plus belle et mieux réussie cette journée du 15 juin, si
pleine de douces émotions et de grands enseignements.

***

APPENDICE

Dès le lundi 16 juin et pendant la semaine qui a suivi,
les principaux journaux de Paris et plusieurs de pro-
vince, rendaient compte de la fête, le *Moniteur Universel*, le *Français*, le *Gaulois*, le *Monde*, le *Figaro*, le
Soleil, la *Gazette de France*, la *Défense*, le *Matin*, le

Pays, la *Patrie*, la *Liberté*, le *Monde illustré*, l'*Illustration*, etc., etc.

On lisait dans : Le *Matin* du 16 juin :

Un train spécial, partant de la gare du Nord à neuf heures du matin, emmenait hier de nombreux Parisiens à Juilly, où devait avoir lieu, dans une des salles du vieux collège, une cérémonie des plus intéressantes : l'inauguration de deux bustes d'anciens élèves de cet établissement, célèbres à divers titres : le maréchal de Berwick et le chancelier Pasquier.

Parmi les voyageurs, on remarquait : MM. le duc d'Audiffret-Pasquier, de Parieu, Chesnelong, de Mérode, sénateurs; Louis Calla, le vicomte de Bélizal, Labat, Le Gonidec de Traissan, députés; le général de division Jolivet, le duc de Fitz-James, J. Cornély, le vicomte O'Neil de Tyronne, Martial Delpit, ancien député; Engelhardt, ministre plénipotentiaire ; de Lapparent, de Bouthillier, le comte de Robersart, Denonvilliers père et fils, Assier de Pompignan, le P. Lescœur, le R. P. Petetot, Malouet, de Laprade, Marbeau, le comte de Bagneux, de Montbrun, de la Germonière, le docteur Blache, de Montferrier, le comte de Retz, la plupart anciens élèves du collège.

A neuf heures et demie, le train s'arrêtait à la gare de Dammartin, et dix minutes plus tard, tous les voyageurs se trouvaient dans le vaste et magnifique parc, planté d'arbres séculaires, qui entoure les spacieux et nombreux bâtiments composant le collège.

Avant toute chose, les assistants se sont rendus à la chapelle, où une messe a été dite à la mémoire des anciens élèves décédés dans le courant de l'année; parmi ceux-là, citons : le comte de Flers, le général Dubost, les abbés Ratisbonne et de Regny, d'Auribeau, ancien conseiller d'État, etc.

Puis les assistants se sont rendus dans une salle du premier étage, la galerie des bustes, où étaient ceux de Berryer, par Chapu; de Bossuet, du maréchal duc de Villars, du chancelier Pasquier et du maréchal de Berwick, ces deux derniers recouverts d'un voile de mousseline. Près du fauteuil présidentiel, l'un des élèves tenait haut le drapeau du collège, en soie d'or, entouré de quatre de ses camarades, l'épée nue en main. En face, au-dessus d'une porte, sur une longue plaque de marbre noir étaient inscrits, en lettres d'or, les noms des anciens élèves du collège tués à l'ennemi, en 1870.

A M. le duc d'Audiffret-Pasquier était réservé l'honneur de faire l'éloge du maréchal de Berwick ; M. de Parieu a prononcé celui du chancelier Pasquier. Les deux honorables sénateurs se sont fort bien acquittés du devoir qui leur était échu, et les nombreux applaudissements qui les ont souvent interrompus ont dû le léur prouver. En terminant son discours, M. de Parieu s'est adressé aux élèves et leur a conseillé de prendre pour exemple les personnages illustres qui les avaient précédés dans le collège : Berwick et Villars, dans la vie militaire ; Montesquieu, pour la législation et l'histoire ; Malouet et Pasquier, pour la politique honnête et sage ; Bethmont et Berryer pour l'éloquence.

Le supérieur, le R. P. Olivier, a ensuite remercié ses auditeurs d'être venus en si grand nombre assister à cette cérémonie et a regretté que de graves préoccupations aient empêché Mgr Perraud de venir à Juilly.

M. le duc de Fitz-James, descendant du maréchal de Berwick, a terminé la série des discours en remerciant M. le duc d'Audiffret-Pasquier d'avoir prononcé l'éloge de son aïeul.

Les assistants se sont ensuite rendus dans le parc, où un repas de trois cents couverts avait été servi sous une vaste tente, auprès du lac qui agrémente cette superbe propriété, et à l'ombrage d'un immense marronnier que l'on appelle : « Le marronnier de Malebranche », planté en 1710.

Au dessert, M. le général Jolivet, président, a porté un toast à Berwick et à Pasquier, « ces deux grandes figures de la monarchie française qui ont bien mérité de la patrie ». Le général a bu également à la santé des ducs de Fitz-James et d'Audiffret-Pasquier, et de M. de Parieu, ainsi qu'à la prospérité du collège.

Le Père Olivier, supérieur, a porté la santé des anciens élèves qui viennent chaque année fraterniser avec leurs jeunes successeurs, et a terminé en portant un toast à M. Jacobs, le nouveau ministre belge, également ancien élève de Juilly.

L'un des assistants a profité de la circonstance pour demander un congé en faveur des écoliers, congé qui a été de suite accordé, puis M. Chesnelong a prononcé un discours sur la grande cause de la liberté de l'enseignement et de la jeunesse chrétienne.

En attendant le départ du train spécial qui devait ramener à Paris les invités, ceux-ci ont visité en détail les bâtiments du collège, le parc, les fermes, les jardins potagers ; visite des plus intéressantes, qu'il serait trop long de raconter ici.

Notons cependant comme souvenir historique, une magnifique statue en marbre du cardinal de Bérulle, qui disparut de Juilly lors de la révolution de 1793 et qui fut rendue aux Oratoriens, en 1809, par Fouché, duc d'Otrante. Cette œuvre d'art est dans la petite chapelle du collège.

Pour terminer, citons les noms des élèves de Juilly, qui, à différentes époques, et à des titres divers, se sont illustrés dans l'histoire : le maréchal d'Artagnan de Montesquiou, le duc de Mommouth, fils de Charles II, roi d'Angleterre ; le marquis de Beauharnais, Bonald, le poète Arnault, Cassini, le comte de Gasparin, l'amiral Duperré, le général Duphot, le général de Narbonne, Jérôme, frère de Napoléon Ier ; le comte de Champagny, Clapeyron, Mgr de Mérode, le général de Senis, Graty, etc., etc.

Le *Moniteur Universel* des 16 et 17 juin :

Nous avons signalé hier l'inauguration, à Juilly, du buste de Berwick et de celui du chancelier Pasquier.

Il nous reste à dire ce qu'est aujourd'hui la célèbre maison des Pères oratoriens, quelle vie saine on y mène, quelle éducation honnête et forte on y reçoit.

Au temps des rois mérovingiens, d'après une vieille légende, sainte Geneviève revenait de Meaux avec la vierge Célinie, sa compagne, lorsque, au village de Juilly, celle-ci accablée par la fatigue, tomba à terre et demanda à boire. Geneviève aussitôt chercha une source, et ne trouvant rien, implora le secours de Dieu. Ses prières furent entendues. Un filet d'eau fraîche et claire coula tout à coup d'un rocher voisin. Les deux saintes purent alors se désaltérer et reprendre leur route. Un modeste oratoire, quelques années plus tard, fut élevé sur ces lieux, et près de cet oratoire, en 1182, Foucauld de Saint-Denis construisit un monastère où il appela les religieux de Chaage, chanoines réguliers de Saint-Augustin. Blanche de Castille, assure la tradition, vers l'année 1251, établit dans ce prieuré une école pour les fils des chevaliers morts aux croisades. Enfin, en 1626, les prêtres de l'Oratoire furent mis en possession de Juilly, et ils y fondèrent le collège où de si nombreux enfants ont appris à devenir des hommes et, quelques-uns de grands hommes.

La cérémonie à laquelle nous avons eu l'honneur d'assister dimanche a été pour nous une grande leçon.

Elle nous a montré quelle influence salutaire peuvent avoir pour l'homme jeune les soins de l'éducation première. Près de deux cents des anciens élèves de Juilly, parmi lesquels on cite vingt noms célèbres, étaient fraternellement réunis là, pour rendre hommage à ceux qui les ont précédés de siècle en siècle et aussi pour encourager ceux qui leur succèdent à suivre la voie qu'ils ont eux-mêmes parcourue.

. . . .

Sur la place du débarcadère, vingt jeunes gens, revêtus de l'uniforme du collège, se tiennent à cheval, prêts à escorter leurs hôtes.

Les voyageurs montent dans des voitures et des omnibus et le cortège se met en route, à travers la campagne, où les blés déjà hauts mettent des tapis de verdure. Le ciel est bleu, le soleil luit. Saint-Barnabé, de ses béquilles, a battu Saint-Médard.

Bientôt nous avons parcouru deux kilomètres et nous apercevons la porte monumentale du collège avec son drapeau tricolore et ses deux mâts où flottent des oriflammes aux couleurs de la Vierge, avec ces mots en lettres d'or : *Jésus, Marie.*

La porte franchie, nous voici en plein parc. Des allées de tilleuls, des pelouses immenses, une pièce d'eau de deux hectares, des arbres centenaires, un marronnier planté par Malebranche, sous les robustes branches duquel se dresse une tente où l'on déjeunera tout à l'heure. On se croirait à Fontainebleau, à Marly, à Saint-Germain, dans quelque demeure royale. Nous sommes dans un collège; le ciel pur, ces senteurs des bois, cette immensité vivifiante donnent la santé et la force à des enfants.

Des petits de six ans, des grands de seize ans, candidats aux Écoles, sont rangés dans la cour principale, composant l'escouade d'honneur, se tiennent immobiles, l'épée au poing. Les Pères, coiffés de la barrette, sont près d'eux ou autour de leur directeur, le savant Père Olivier. La physionomie des prêtres de l'Oratoire est particulièrement intéressante à observer. Il n'est pas une de leurs jeunes figures qui ne respire le calme, l'intelligence, la volonté — et la gaieté. A peine sommes-nous présenté au révérend Père supérieur que déjà nous sommes traités par lui en vieille connaissance.

Le père Olivier nous fait parcourir les vastes bâtiments du collège, il nous reçoit dans son cabinet et nous conduit dans le parloir où aura lieu un peu plus tard la cérémonie.

Toute l'histoire de Juilly est écrite sur les murs de ce parloir.

Un tableau de marbre donne la nomenclature de tous ceux qui ont dirigé la maison. Un autre cite les noms des élèves les plus illustres; au XVIIᵉ siècle, J.-N. Colbert, archevêque de

Rouen, le duc d'Antin, le maréchal de Montesquiou, le maréchal
de Berwick, le maréchal de Villars; au XVIII⁰ siècle, l'amiral Duperré, le général comte de Narbonne, le marquis F. de Beauharnais, le conseiller Duval d'Epresmenil, le duc Pasquier, le comte
Alexis de Noailles, le vicomte de Bonald, le baron Creuzé de
Lesser, le comte de Gasparin, d'Auvergne et Choron; au
XIX⁰ siècle, le P. Martel, Mgr. de Mérode, le prince Jérôme
Bonaparte, le comte de Neuilly, Berryer, le vicomte de Mirandol,
le marquis de Mirville, Lebas, Louis Reybaud, Roger de Beauvoir, Clapeyron, Régnier de la Comédie-Française, le comte
d'Hauterive, le comte de Champagny, le vicomte de Martroy, de
Parieu, Berryer et Bethmont père.

A propos de Bethmont père, on nous raconte une touchante
anecdote :

Les parents de Bethmont ruinés étaient incapables de payer
les frais d'éducation de leur fils. Les Pères gardèrent néanmoins
le jeune élève. Plus tard, celui-ci, apprenant la générosité dont il
avait été l'objet, resta deux ans au collège de Juilly en qualité de
professeur pour payer sa dette. Il devint dans la suite l'avocat de
premier ordre que l'on sait.

Mais nous n'avons point signalé tous les souvenirs historiques
que renferme le parloir de Juilly.

Outre les tableaux d'honneur, on remarque dans la salle le
buste de Bossuet, qui, étant évêque de Meaux, vint souvent à
Juilly, le buste du maréchal de Villars, celui de Berryer et enfin
ceux de Berwick et du chancelier Pasquier.

Enfin, dans un angle, un drapeau repose.

C'est le drapeau du collège fait en brocart d'or et doublé de
soie bleue. Sur la face d'or, les armes du collège sont brodées et
enrichies de pierreries. Elles représentent, sous la couronne
royale et au centre d'une couronne de laurier, deux écus dont
l'un porte trois fleurs de lys et l'autre la devise *Jesus Maria*. Sur
la façade de soie, on lit, en lettres d'or, ces mots : *Dieu et la
France*. Ce drapeau a été consacré le 19 juillet 1883.

Dans ce parloir si plein de souvenirs, la cérémonie que nous
avons hier brièvement racontée commence à dix heures.

Le révérend Père Petetot, entouré de M. le duc d'Audiffret-
Pasquier et de M. de Parieu, ouvre la séance par une courte et
fine allocution :

— Souvent, dit-il en substance, des orateurs montent à la tri-
bune et s'écrient : « J'ai deux mots à dire, » Ces deux mots sont,
hélas! tout un discours. Je dirai deux mots seulement et ces

deux mots sont des remerciements au duc d'Audiffret-Pasquier et au duc de Fitz-James, qui ont offert au collège le buste du chancelier Pasquier et du maréchal de Berwick.

On entend ensuite le remarquable discours du duc d'Audiffret-Pasquier, que nous avons publié hier, puis le discours de M. de Parieu, et celui du R. P. directeur, dont nous regrettons de ne pouvoir donner la substance et enfin celui de M. de Fitz-James.

— Il est difficile, dit M. de Fitz-James, de faire son devoir et surtout il est difficile de le connaître. Eh bien, c'est ici, jeunes élèves, que vous apprendrez à connaître votre devoir et à le remplir. La devise de votre maison est : Lève-toi ! Vous vous lèverez pour défendre la vérité et la patrie, vous vous lèverez pour la grandeur de la France.

La cérémonie terminée, on se rend sous les tentes, où le couvert est mis.

Sept tables, dont une d'honneur, sont dressées pour les deux cent soixante-quatorze convives.

Tous les assistants, après le *bénédicité* que récite le R. P. général, prennent leur place et attaquent gaiement les mets préparés par les bonnes sœurs d'Alsace, tandis que les élèves de l'asile de Vaujours exécutent une fanfare.

Nous voudrions rendre la physionomie de ce repas, mais nous avons trop de choses à dire pour les pouvoir dire longuement.

Au dessert, le général Jolivet, président d'honneur, prononce quelques paroles fort spirituelles, puis le Père Olivier boit au général, dont il retrace la carrière, et au général Brière de l'Isle, ancien élève de Juilly, qui se bat maintenant dans l'extrême Orient.

M. Chesnelong se lève à son tour, et nous voudrions que tous les pères de famille eussent entendu son éloquent discours.

— Je porte un toast à l'Oratoire, dit M. Chesnelong, à ces élèves, à Parieu, à Pasquier et aux collèges libres et particulièrement au collège de Juilly, non seulement pour ce qu'il a fait, mais pour ce qu'il fera.

L'orateur constate que l'éloignement, par rapport à Paris du collège des Oratoriens effraye parfois les familles et il poursuit :

— Vous êtes à la campagne. Est-ce un défaut? Pour moi je ne le crois pas, je crois même le contraire. A la campagne vous êtes plus près de la nature et plus près de Dieu. L'étude aime la solitude. Dans les villes, on donne trop de place à l'improvisation, pas assez au recueillement. Je bois à l'internat dans les campagnes, et comment ne porterait-on point ce toast ici, quand on a devant soi la campagne, les grands arbres, le marronnier de Malebranche, la verdure, l'eau et le ciel bleu? Je bois aussi aux enfants, à l'Eglise de Dieu, à la France du Christ !

Les toasts sont finis. Le champagne coule. Tous les assistants, les petits et les grands, les soldats et les prêtres boivent le vin mousseux. On n'est point intolérant à Juilly. On n'y fait point seulement des prélats, on y prépare des orateurs, des généraux, et des académiciens. Après le café, chacun se lève et va où il veut. Sous les marronniers, les enfants de Vaujours jouent une marche. On écoute les enfants, puis l'on se dirige vers la pièce d'eau où sont des périssoires, et vers les superbes avenues de tilleuls et d'ormes où les élèves, par divisions, jouent sous le regard de leurs professeurs.

Enfin, à trois heures, un salut solennel réunit une dernière fois les invités.

Le drapeau, entouré du piquet d'honneur que nous avons signalé plus haut, assiste à l'office ainsi que les enfants de Vaujours, — de petits bonhommes dont l'aîné n'a pas onze ans, — et ce sont eux qui battent et sonnent aux champs à l'heure de la bénédiction.

Nous garderons de cette journée un profond souvenir et nous adressons ici aux Pères oratoriens nos remerciements sincères pour l'accueil sympathique qu'ils ont fait au représentant du *Moniteur universel.* — H. M.

Le *Français* des 17, 18 et 23 juin :

On lit dans les *Annales de l'Oratoire :* « 25 mai 1707. Nous avons chanté un *Te Deum* en actions de grâce du gain de la bataille d'Almanza où l'armée du roy, commandée par M. le maréchal de Berwich (*sic*), a remporté, le 25 du mois dernier, une victoire complète sur l'armée des alliés commandés par milord Gallouai. »

Ce n'a pas dû être sans une certaine fierté, j'imagine, que l'humble Oratorien du dix-huitième siècle a transcrit dans ses *Annales* la date de cette victoire : Berwick avait été élevé par l'Oratoire ; il sortait de Juilly. Hier, on inaugurait son buste, placé à côté de celui de Villars. Heureuse fortune, pour une maison d'éducation, d'avoir donné à la France ces deux capitaines qui la consolèrent de Hochstett et de Ramillies ! Denain et Almanza, à quelques années de distance, sauvent plus que l'honneur du pays ; ces victoires maintiennent son intégrité et protègent nos frontières contre la rapacité allemande et contre l'ambition autrichienne.

Juilly n'a pas changé. Si Villars et Berwick ressuscitaient, ils retrouveraient leur collège tel qu'ils l'ont aimé. Grands arbres, envoûtés comme le dôme d'une cathédrale et aux ombrages toujours verts ; eaux vives, bordées de tilleuls et de marronniers ; horizons larges et spacieux, où les plaines de la Brie balancent leurs blés sur lesquels un chaud soleil répand ses rayons d'or ; salles de classe, cours aérées, chapelle recueillie. L'Oratoire y a repris ses traditions, ses méthodes et ses succès. Ce prêtre vénérable, qui porte avec des épaules si allègres le poids de ses quatre-vingts ans, c'est le successeur des Condren et des Latour : le R. P. Pététot. L'évêque d'Autun vient parfois se promener dans ces allées ; n'est-il point le Massillon du nouvel Oratoire ? L'amour de la religion, l'étude des lettres, je ne sais quelle affinité intelligente avec ce qui est bon et beau, dans le temps présent, et une sève toute française soutiennent l'éducation de Juilly. Encore une fois, Villars et Berwick s'y reconnaîtraient...

Berwick habita Juilly de 1677 à 1682 avec son frère le duc d'Albemarle. C'était la belle époque du collège. Malebranche, Mascaron, Le Boux y venaient. Bossuet ne tardera point à le visiter. Les pensionnaires dépassaient le nombre de trois cents. La *fleur de l'Oratoire*, pour parler avec Bossuet, y répandait ses plus délicats parfums. Hommes de science, de travail, de piété et de désintéressement, les régents rivalisaient de zèle et de soin pour garder au collège sa réputation si noblement gagnée. Tous ces souvenirs prennent le visiteur le plus indifférent. Ils émeuvent. L'histoire de Juilly est intimement liée à l'histoire du dix-septième et du dix-huitième siècle. Patrimoine sacré d'honneur, que les Oratoriens actuels doivent conserver et transmettre intact à l'avenir ! Il est vrai que de telles traditions encouragent les maîtres dans leur tâche. Cette suite de noms glorieux, qui se déroule dans les annales juliaciennes, prouve, d'une manière vivante, que l'éducation chrétienne est bonne et féconde. Elle *élève*, dans le sens énergique du mot ; elle façonne aux vertus privées et sociales ; elle ne détruit aucune énergie légitime. Toutes celles qui sont respectables, elle les tourne vers une fin plus haute et plus sainte. Elle les centuple de la force de la grâce surnaturelle. Telle est l'œuvre ; on doit la juger aux fruits qu'elle a produits. Qui oserait dire, en présence des noms dont Juilly est si fier, que ce n'est pas là une œuvre patriotique et vraiment française ?...

La fête a été belle. Bien des larmes ont mouillé les yeux. Les cœurs vibraient. Imaginez-vous ce parc, cette verdure, ce ciel d'été, cette brise où flottaient les drapeaux aux couleurs françaises, ces élèves d'autrefois — plus de trois cents — parmi lesquels on reconnaît MM. de Mérode, sénateur ; de Belizal, Labat, Calla et Le Gonidec, députés ; Engelhardt et Moïjard, anciens ministres plénipotentiaires ; M. de Parieu, sénateur ; baron de Montbrun, O'Neil de Tyrone, Hamel, etc. On remarquait aussi le P. Lescœur, M. le comte d'Héricault, M. de la Germonière, M. Cornély, du *Gaulois*, M. A. Marcade, du *Figaro*, le marquis d'Audiffret, Amédée Pichot, Martial Delpit, comte de Bagneux, anciens députés ; de Lapparent, Perret, ancien conseiller d'Etat, comte de Fresnes, de Robersart. De la gare au collège, la route serpente à travers les champs où grandissent les blés. Coquelicots et bluets émaillent le dos glauque de la plaine. Voici le collège ; aspect sévère ; la grande ligne architecturale du dix-septième siècle, avec ces fenêtres qui s'ouvrent sur les champs : là-bas, vers Nantouillet, d'où émergent les toits du château du cardinal Duprat ; là-bas vers Dammartin, vers Montgé... Les tambours battent aux champs, lorsque sur le perron de la cour d'honneur, le P. Olivier, supérieur, reçoit les invités. Vous avais-je dit qu'on inaugurait aussi le buste du chancelier Pasquier et que son fils adoptif, M. le duc d'Audiffret-Pasquier devait porter la parole ? Après la messe, on monte à la salle des Pas-Perdus, le R. P. Pététot préside. Le drapeau du collège, aux armes de France et de l'Oratoire, se dresse au pied de la statue de Bérulle. Voici Berryer, Bethmont, Villars, Bossuet... On découvre le buste de Berwick, dont M. le duc d'Audiffret-Pasquier lit l'éloge. Il eut des mots heureux, des allusions émouvantes. Parfois, quand il citait la lettre de Berwick, partagé entre le devoir et l'honneur, lorsque le roi Jacques II l'appelait à lui, les larmes qui faisaient trembler sa voix disaient assez que, lui aussi, à une date fameuse, il avait pensé et souffert comme Berwick... Essayerai-je de vous rendre le frisson qui nous saisit tous, lorsque, en parlant des frontières de la France qui se doivent étendre jusqu'au Rhin, il disait que cette politique-là n'était point seulement la politique de Henri IV, que c'était bien *la politique nationale ?*... Relisez, je vous prie, cet éloge fait avec tant d'âme et vous vous sentirez fiers de votre époque, qui produit de tels hommes, si fidèles et si complets.

Puis ce fut le tour de M. de Parieu, nous retraçant la vie du vieux duc Pasquier. J'ai retenu ce mot de son discours. S'adressant aux jeunes élèves de Juilly, il leur demande de venir sou-

vent dans cette salle, remplie de tant d'images glorieuses :
« Vous y respirez, dit-il, le parfum des vieilles renommées! »

M. le duc de Fitz-James, qu'on voyait à côté du buste de Berwick, son ancêtre, se leva enfin pour remercier les orateurs et l'assemblée. Lui aussi, il garde jusqu'au bout la fidélité à toutes les grandes choses que sa famille a toujours aimées.

L'heure de midi sonnait. Sous les arbres, les tables se dressent en plein air. Elles sont bientôt occupées. Joie de se revoir ; causeries amicales, pleines de retour vers les jours évanouis... Il y a des vides. La mort n'épargne ni les jeunes ni les vieux. A la fin, le général Jolivet, président du banquet, porte un toast au collège de Juilly. Le P. Olivier lui répond. C'était délicat, ému, chrétien : les souvenirs du passé s'associaient aux joies du présent dans sa chaude et spirituelle improvisation. Là-bas, au Tonkin, un fils de Juilly, Brière de l'Isle, porte glorieusement le drapeau de la France. Ici, à nos frontières, un autre fils de Juilly, M. Jacobs, fait triompher en Belgique la cause de la liberté et de l'Église. Il unit ces noms à celui du général Jolivet, que le Mexique, l'Algérie et les champs de bataille de l'*Année terrible* ont vu dans la victoire souvent, et toujours dans la bravoure et dans l'honneur.

Le dernier toast acheva l'émotion ; il fut prononcé par M. Chesnelong, qui avait bien voulu venir comme hôte et comme ami. Quels cris éloquents! Quels accents qui sortaient du cœur! Comme on se laissait emporter, dans une intime et profonde joie, à cette parole sonore et loyale, vivante et vibrante, qui unissait dans un même salut, l'Oratoire, Juilly, l'éducation chrétienne, la France et l'Église! Un tonnerre d'applaudissements accueillit la péroraison de M. Chesnelong.

Puis, on se réunissait à la chapelle pour recevoir la bénédiction du très Saint-Sacrement. La prière venait, douce et facile, du cœur aux lèvres... Le train ramenait ensuite les invités à Paris. On rentrait, pour la vie monotone et ingrate, avec plus d'entrain et de vaillance.

Ce sont là de bons jours, Dieu les donne rarement, il est vrai. Mais comme ils sont riches en saintes émotions, et comme leur influence s'étend, bénie et précieuse, sur l'avenir! Celui-là, en tout cas, comptera dans les annales de Juilly, pour Dieu et pour la France.

Le *Gaulois* du lundi 16 juin.

Oublier quelques heures les turpitudes du présent pour évoquer la magie du glorieux passé de notre race, et quitter le pavé de bois pour fouler l'herbe verte des pelouses, goûter en une seule matinée les émotions recueillies qui parfument les sanctuaires du Christ, les plaisirs délicats d'une séance académique, les joies fraternelles d'un banquet de famille et l'attendrissement consolant qu'impose aux hommes la vue d'une génération studieuse et pure qui s'élève pour réparer leurs fautes et relever leur patrie, cela suffit, n'est-ce pas, pour permettre de chanter, comme dans la *Sapho* de Gounod :

Nous marquerons de blanc cette journée.

Tel a été mon sort hier dimanche.

Juilly est à une demi-heure de Paris, montre en main, et à la gare de Dammartin nous trouvons, rangée en bataille, la cavalerie de l'Ecole, gentil petit peloton d'une vingtaine de jeunes gens qui vont servir d'escorte d'honneur aux voitures amenant les invités au collège.

Les bâtiments massifs, trapus, portant la solide empreinte du XVIIe siècle, étendent au milieu des bois, des prés et des eaux vives, leurs ailes de châteaux aristocratiques et leurs arcades de cloîtres monacaux.

Notre première visite est pour Celui qui règne ici comme il règne dans l'univers entier. Messe basse, à la suite de laquelle l'officiant rappelle les noms des anciens élèves de Juilly morts pendant l'année. Je note au passage : d'Auribeau, ancien conseiller d'Etat; comte de Flers, sénateur ; abbé de Ratisbonne ; cardinal de Bonnechose.

Nous voici maintenant réunis dans la salle d'honneur : superbe hall, que décorent les bustes de Berryer, de Bossuet, de Villars, tous anciens élèves de Juilly, la liste des fondateurs et bienfaiteurs de l'établissement, où brillent les noms de Blanche de Castille, de Louis XIII et même celui de Fouché, duc d'Otrante.

Deux bustes d'anciens élèves sont là, enveloppés de voiles blancs et attendant les honneurs de l'inauguration: celui du chancelier Pasquier et celui du maréchal de Berwick.

Et voilà qu'en quelques phrases spirituellement tournées le vénérable abbé Petetot, supérieur général de l'Oratoire, donne la parole au duc d'Audiffret-Pasquier.

La tête énergique et fière de Berwick, apparaît délivrée de ses voiles, et le duc d'Audiffret-Pasquier prononce l'éloge du héros d'Almanza. Si le noble orateur nous parle en académicien, en nous faisant savourer un morceau aussi délicatement écrit que vigoureusement pensé, nous nous efforçons de lui prouver notre reconnaissance en couvrant d'applaudissements répétés chacunes de ses élégantes périodes.

C'est ensuite M. de Parieu qui prononce l'éloge de Pasquier, et nous fait applaudir la sagesse parlementaire après avoir frémi d'aise au tableau des vertus guerrières.

Et le petit-fils de Berwick le duc de Fitz-James, remercie en quelques phrases rapides, parties du cœur et emportées par le grand souffle du patriotisme français.

A côté de l'orateur se trouve un groupe de cinq jeunes gens : l'un porte le drapeau de l'école, superbe étendard de drap d'or aux armes de France, et les quatre autres, l'épée nue au poing, forment la garde d'honneur autour du glorieux symbole.

Et, tandis que toutes ces voix célèbrent le patriotisme, l'amour de la France, le culte de ses grandeurs, l'étendard flotte au-dessus de nos têtes, porté par ces mains jeunes, pures et vigoureuses, où étincellent les lames sacrées qui construisirent la Patrie en collaboration avec cet autre instrument divin qui s'appelle le crucifix.

La séance se termine par une charmante allocution du Père Olivier.

Nous descendons dans le parc.

— Vous voyez cette cour, me dit un Père qui m'accompagne. La Fontaine, l'ami des bêtes, qui essaya un noviciat à l'Oratoire, y pêchait les poules à la ligne. Il n'avait pas la vocation.

Voici maintenant, au bord du petit lac qui sert d'école de natation au collège, le marronnier séculaire et colossal de Malebranche, célèbre dans les fastes de l'Oratoire.

Au pied du géant, sous ses branches, a été dressée une tente, et sous la tente un banquet de trois cents couverts nous attend. Nous y prenons place aux accents de l'excellente fanfare des Frères de Vaujours, établissement voisin de Juilly, et nous travaillons en conscience à combler le vide produit dans nos estomacs par l'air vif de la campagne et la belle prose entendue tout à l'heure.

Les toasts se succèdent. Le général Jolivet, qui préside, parle en soldat ; le président de l'Association des élèves, M. Hamel, demande pour les enfants un congé que le P. Olivier accorde avec bonne grâce, au début d'un toast rempli de chaleur et de grâce. Le Père rappelle les gloires de l'école et, parmi elles, il cite M. Jacobs, que l'admirable mouvement des catholiques belges vient de porter au ministère.

M. Chesnelong a la parole. Je n'avais jamais entendu le grand orateur catholique ; j'ai été ébloui, fasciné par sa merveilleuse et entraînante éloquence.

Lorsqu'il a bu à l'union du patriotisme et de la foi, le mot de délire n'est pas trop fort pour peindre les sentiments enthousiastes des convives.

Un salut solennel a clos cette fête de famille. Je vous assure, amis lecteurs, que rien n'était plus touchant que cette réunion de têtes grises et de têtes brunes ou blondes, de vieillards, d'hommes mûrs et de jeunes hommes heureux de se retrouver aux lieux aimés où s'écoula leur enfance, et disant éloquemment par leur joie, par leurs effusions, par leur gaieté franche, quelle excellente et paternelle éducation on reçoit dans cette maison bénie de Dieu.

Le *Figaro* du 16 juin :

La plus ancienne et la plus illustre des maisons d'enseignement libre de France inaugurait hier les bustes de deux de ses élèves, le maréchal de Berwick et le chancelier Pasquier. Le premier fut tué à l'ennemi, il y a cent cinquante ans ; nous avons vu mourir le second, en 1862, presque centenaire.

La gloire, aujourd'hui, ne se mesure ni au marbre, ni au bronze dépensés. Deux bustes, c'est bien modeste pour un héros et pour celui qui a eu l'honneur de clore la grande liste des chanceliers de France. C'est peu de chose à une époque où on dresse des monuments fastueux à l'avocat Amable Ricard, de Niort, au moment où on nous menace d'encombrer nos places publiques des statues de Gambetta. On s'en consolait pourtant, hier, à Juilly, en pensant qu'on n'avait pas le fastidieux spectacle des tréteaux officiels, et qu'on ne voyait pas couler des larmes de crocodile sur des rivaux partis pour un monde meilleur.

La plupart de ceux qui étaient venus de Paris avaient passé leur enfance dans ce nid de verdure, et s'étaient vus grandir à l'ombre de ces arbres séculaires, qui abritèrent leurs illustres devanciers. Leur histoire leur était familière. Comment la raconteraient les deux hommes d'État qui s'en étaient chargés? L'intérêt, on le voit, était académique, comme il sied à une école.

M. le duc d'Audiffret-Pasquier a lu l'éloge du maréchal de Berwick. On connaît l'histoire du fils du roi Jacques II, neveu par sa mère de Marlborough.

L'éloge a été écouté avec la plus vive attention ; la péroraison, surtout, a soulevé de longs applaudissements.

M. de Parieu a pris la parole après M. le duc d'Audiffret-Pasquier, son collègue au Sénat et à l'Institut. M. de Parieu sortit du collège de Juilly en 1832 et, en 1849, reçut son premier portefeuille ministériel. Il avait 34 ans.

Dans une improvisation remarquable, il a retracé à grands traits la vie du chancelier, issu d'une vieille famille de parlementaires. L'avocat Etienne Pasquier, un de ses aïeux, fut honoré de l'amitié d'Henri IV ; son père était conseiller au Parlement, et lui-même siégea sur les fleurs de lys, à l'âge de 19 ans. Grande carrière, commencée au siècle dernier et continuée jusqu'au milieu du nôtre, en 1848.

Il avait alors quatre-vingt-un ans ; il lui restait encore une longue période pour se recueillr et pour repasser dans sa mémoire les fluctuations de l'histoire, tour à tour terrible, glorieuse, honorée, qu'il avait traversée et vécue, en restant toujours fidèle à sa grande vertu, la modération. Et l'orateur a terminé sa harangue par un rapprochement entre la destinée malheureuse de son compatriote Malouet et celle du chancelier.

Le dîner a été servi sous une tente voisine du marronnier légendaire de Malebranche et de la belle pièce d'eau.

Il était présidé par le général Jolivet, ayant en face de lui le R. P. Pététot, supérieur général de l'Oratoire. A la table d'honneur avaient pris place les sénateurs : duc d'Audiffret-Pasquier, de Parieu, comte de Mérode, Chesnelong ; les députés Calla, de Bélizal, Le Gonidec ; MM. le duc de Fitz-James, le marquis d'Audiffret, Martial Delpit, ancien député ; Amédée Pichot, G. d'Héricault, de La Germonière.....

La fanfare des élèves des Frères de Vaujours — l'asile-école Fénelon — a prêté son concours à la belle fête de Juilly.

Auguste MARCADE.

Le *Monde illustré* du 21 juin, avec une reproduction des vues diverses du collège et du parc.

Nous voudrions noter tous les incidents de cette journée, pleine d'exemples pour les petits et d'enseignement pour les grands. Mais nous devons réserver la place à quelques notes sur le célèbre collège, très obligeamment communiquées, pour commenter les intéressants dessins qui accompagnent la scène principale de l'inauguration.

« Si Juilly ne rappelle Jules César que par une étymologie contestable, une traduction populaire des plus vivaces remonte du moins à Sainte-Geneviève, patronne de Paris : elle veut que cette belle source qui coule à l'entrée du collège ait jailli un jour à la prière de la vierge de Nanterre, pour étancher la soif de sainte Céline, sa compagne. L'humble chapelle, élevée bientôt aux bords de la fontaine, se transforma, vers l'an 1200, en une vaste abbaye de chanoines réguliers de saint Augustin, grâce à la munificence de Foucauld de Saint-Denis. L'abside de la chapelle actuelle, de style ogival, paraît son œuvre et date, certainement, du grand siècle de l'architecture chrétienne. Une autre tradition dit qu'en 1250 Blanche de Castille, ayant adopté les fils des croisés tombés à Mansourah, les conduisit à Juilly, agrandi pour les recevoir et préludant ainsi au rôle qui lui était réservé pour les âges modernes. Par lettres patentes d'avril 1638, l'abbaye, qui venait d'être unie à la congrégation de l'Oratoire de France, fut érigée en académie royale. Sauvé des mains de la révolution par les survivants de l'Oratoire, successivement dirigé par MM. de Salinis et Bautain, le célèbre établissement qu'on a pu appeler « le doyen des collèges libres », fut rendu, en 1867, à la direction de l'Oratoire renaissant.

Rien ne ressemble moins à nos collèges parisiens que l'institution Juilly. Ces vertes pelouses qui entrecoupent les grandioses constructions, ces sources jaillissantes, ces cours d'eau, cette vaste nappe transparente, ces coteaux boisés, ces allées d'arbres séculaires qui s'étendent de tous côtés à perte de vue, tout cela est d'un autre genre et rappelle bien plus les beaux collèges des universités d'Oxford et de Cambridge.

Si l'œil de l'artiste est ravi, plus vif, peut-être, est l'intérêt de l'historien, parmi tant d'illustres souvenirs qui peuplent Juilly et qui font partie intégrante de l'histoire des gloires françaises depuis trois siècles : Thomassin et Richard Simon, les PP. Lamy,

Lelong et Houbigant y ont enseigné avant l'abbé Gerbet et le
P. Carl; ils ont élevé pour la France : Bonald, Pasquier, Berryer,
après Montesquieu, Berwick et Villars; on visite l'appartement
qu'occupait Bossuet, on admire le marronnier géant planté par
Malebranche. Toutes ces gloires, entretenues avec un soin pieux,
partout rappelées, partout présentes, donnent à cette maison une
physionomie à part.

Parmi les objets d'art qu'elle possède, il faut signaler la statue
en marbre blanc du cardinal de Bérulle, œuvre magistrale de
Jacques Sarazin et le portrait du P. Malebranche attribué à
Mignard.

Parmi les intéressants dessins de M. Lepère, figure une vue
des ruines de Nantouillet que l'on admire aux environs de
Juilly. Ces ruines sont celles du château que se fit bâtir le cardinal Duprat, chancelier de François Ier, et où il mourut,
en 1535. Elles offrent un coup d'œil fort pittoresque, et sont bien
conservées.

Paris. — Imp. F. Pichon, 30, rue de l'Arbalète, et 24, rue Soufflot.